AF356976

ARREST
DE LA COVR
DES MONNOYES,

Portant décry de tous les Deniers estrangers, auec permission neant-moins de les exposer pour quelque temps, & defenses d'en faire aucun commerce, apport, ou enuoy sur les peines y mentionnées.

A PARIS,

Chez Sebastien Cramoisy, Imprimeur ordinaire du Roy, de la Reyne, & de la Cour des Monnoyes.

M. DC. LIII.

Auec Priuilege de sa Majesté.

EXTRAICT

DES REGISTRES

de la Cour des Monnoyes.

VR ce que le Procureur general du Roy a remonſtré à la Cour, Qu'encore que par pluſieurs Arreſts, notamment par ceux des 12. Octobre 1649. 6. Aouſt 1650. 23. May 1651. & 7. May dernier, les deniers eſtrangers fabriquez à

A ij

Charleuille , Oranges ,
Dombes, Cugnon & au-
tres ayent esté décriez ;
& defenses ayent esté
faites sous les peines por-
tées par iceux, d'en faire
venir dans le Royaume
ou en trafiquer ; Neant-
moins plusieurs particu-
liers ne laissent d'en con-
tinuer le commerce au
preiudice des sujets du
Roy , qui se trouueront
enfin surchargez de ces
deniers alterez en leur
poids & en leur matiere,
que les fabricateurs imi-
tent sur ceux qui ont

esté cy-deuant faits à Paris, aux coins & armes de sa Majesté, pour surprendre les peuples, & les faire passer pour deniers de France, par le moyen desquels l'on en enleue les bonnes & fortes monoyes d'or & d'argent: Requeroit pour sa Maiesté estre pourueu à ces desordres. Veu lesdits Arrests des 12. Octobre 1649. 6. Aoust 1650. 23. May 1651.& 7.May dernier: la matiere mise en deliberation: Tout consideré, LA COVR faisant

droit ſur le requiſitoire
dudit Procureur general
a ordonné & ordon-
ne que leſdits deniers
d'Oranges, Charleuille,
Dombes, Cugnon & au-
tres eſtrangers ſeront &
demeureront décriez de
tout cours & miſe dans
le Royaume, Pays, Ter-
res & Seigneuries de l'o-
beïſſance de ſa Maieſté,
& qu'ils ſeront portez aux
Bureaux qui ſeront éta-
blis pour les recueillir
& retirer des mains du
peuple, auquel la iuſte
valeur en ſera payée ſui-

uant le tariffe & eualua-
tion qui en feront faits
par la Cour ; Et neant-
moins en attendant qu'il
y ait efté pourueu, la-
dite Cour par maniere
de prouifion & pour la
facilité du menu com-
merce, a permis & permet
l'expofition en détail de
ceux qui font à prefent
dans le Royaume ; fai-
fant tres-expreffes inhi-
bitions & defenfes à
toutes perfonnes de quel-
que qualité & condition
qu'elles foient, de faire
aucun commerce , ap-

port ou enuoy defdits
deniers eftrangers dans le
Royaume, & pays de l'o-
beiffance de fa Maiefté,
ny mefme de faire aucu-
ne expofition en gros de
ceux qui font dans le
Royaume, à peine d'e-
ftre punis comme billon-
neurs & faux Mon-
noyeurs, de confifcation
& de tout ce qui fe trou-
uera auec iceux, la moitié
des amandes & confifca-
tions adiugée au denon-
ciateur : Ordonne que
par le premier des Pre-
fidens ou Confeillers de
ladite

ladite Cour trouué ſur les lieux, & en leur abſence par les Officiers des Sieges des Monnoyes, & és Villes où il n'y a Monnoye, par le premier Iuge Royal ſur ce requis, que la Cour a commis à cette fin ; il ſera informé à la Requeſte dudit Procureur general contre les fabricateurs & expoſiteurs deſditsdeniers, leurs aſſociez, & tous ceux qui en ont traffiqué, apporté ou enuoyé dans le Royaume depuis leſdites defenſes : meſmes per-

met d'obtenir & publier
monition en termes de
droict, & le procés fait
& parfait aux coupables
fauteurs & adherans, iuf-
ques à iugement diffini-
tif exclufiuement., pour
les procez incontinant
enuoyez clos & feellez au
Greffe de la Cour, &
communiquez audit Pro-
cureur general, eftre or-
donné ce que de raifon.
Enioint ladite Cour à
tous fuiets de fa Maiefté,
d'arrefter tous ceux qui
ameneront defdits de-
niers, & les mettre és

mains defdits Commif-
faires, pour eftre procedé
contr'eux par les voyes
de droit. Fait en la Cour
des Monnoyes le vint-
tiéme Aouft 1653. Signé,
BOVLLE'.

L'AN *mil fix cens cin-
quante-trois le Sa-
medy treiziéme Septembre
l'Arreft de la Cour des Monoyes cy-deffus a efté leu, &
publié à fon de trompe &
cry public, en tous les Carre-
fours ordinaires & extra-
ordinaires, places & lieux
accouftumez à faire cry,*

& proclamations en cette
Ville & Faux-bourgs de
Paris, en la presence de
Claude Millot, Anthoine
le Sueur, & Claude Blon-
del Huißiers en ladite Cour
des Monoyes, foußignez,
par moy Charles Canto
Iuré Crieur ordinaire du
Roy, en ladite Ville Pre-
uosté & Vicomté de Paris,
accompagné de trois Trom-
pettes, Jean du Bos, Iacques
le Frain, & Estienne Chap-
pes dit la Chappelle, Iurez
Trompettes de sa Maiesté
esdits lieux: Comme außi
a esté ledit Arrest affiché en

tous les lieux accoustumez
de ladite Ville & Faux-
bourgs de Paris, à ce qu'aucun n'en pretende cause
d'ignorance.

Signé, CANTO, MIL-
LOT, LE SVEVR,
& BLONDEL.

Collationné à l'original par moy Con-
seiller Secretaire du Roy, Maison,
Couronne de France, & de ses Fi-
nances.